狎客行之九真陰經

JIOU JHEN YIN JING, KUNG FU SEX FIGHTERS

麥人杰

Richard Metson

九陰真經

狎客行之九真陰經

JIOU JHEN YIN JING,
KUNG FU SEX FIGHTERS

麥人杰
Richard Metson

dala plus 001B

狎客行之九眞陰經

(十八週年紀念版)

JIOU JHEN YIN JING, KUNG FU SEX FIGHTERS!

作者　麥人杰Richard Metson
主編　洪雅雯
企劃編輯　張凱萁
校對　金文蕙
行銷企劃　陳秉揚
美術設計　楊啟巽工作室
封面題字　尤俊明
總編輯　黃健和

出版　大辣出版股份有限公司
105022台北市南京東路四段25號12樓
www.dalapub.com
TEL: (02) 2718-2698　Fax: (02) 8712-3897
service@dalapub.com

發行　大塊文化出版股份有限公司
105022台北市南京東路四段25號11樓
www.locuspublishing.com
TEL: (02) 8712-3898　Fax: (02) 8712-3897
讀者服務專線：0800-006689
郵撥帳號：18955675
戶名：大塊文化出版股份有限公司
locus@locuspublishing.com

法律顧問　董安丹律師、顧慕堯律師

台灣地區總經銷　大和書報圖書股份有限公司
地址：新北市新莊區五工五路2號
Tel: (02) 8990-2588　Fax: (02)2990-1658

製版　瑞豐實業股份有限公司

初版一刷　2022年11月
定價800元

ISBN　978-626-96266-8-7

九眞陰經

JIOU JHEN YIN JING,
KUNG FU SEX
FIGHTERS!

大辣山房發行

昌大武學

日人有《江戶四十八手》，舉世聞名，究其根源有二：明朝之《春宮祕戲圖》，以及平安時代傳入京都之房中術《偃息圖》，據信日本春畫皆受此二作影響。

日人素有匠人精神，得圖後身體力行，戮力研究，日夜不歇，前仆後繼，千百人精盡人亡後，乃成日本浮世繪春畫大業，各門各派，名家大師迭出，至今更轉型成爲各大ＡＶ品牌，大鳴大放，四海名揚。

反觀中原武林，人材凋零，萎靡不振，皆因各門各派傳人留手，敝帚自珍，致令絕招失傳，殊爲可惜。

唐宋年間有一奇人，道號神機子，自稱金鰲島十天君傳人，行走江湖，奇遇頗多，曾遇天人，又得天啟，集房中術與武術於一身，留下《九眞陰經》一部，共一百零八式。

惜於戰亂中散失各地，又遭有心人惡意毀棄，令人扼腕。

世事之巧，失之中原，得之異邦，冷戰之時，美利堅合衆國之超能計畫，中有一異人，身負遙視之力，能見人所不見，於某回行動中窺見此書，驚爲天人，然資質所限，僅得三十二招，不料番邦將軍不識寶物，不屑一顧，奇書現世，再度蒙塵。

此人私下將圖文封存，其後人偶然於遺物中發現，奇招異式，嘆爲觀止，遂成此書。

異人後裔發願，苦修遙視之力，盼於萬古記憶長河中，尋回佚失之七十六式，集一百零八式之大成。

願得此書者，能知此經來歷，得來不易，好好珍惜。

並同心協力，於每月初一、十五，沐浴齋戒，焚香祝禱，祈願此人能成大功，且福祿雙全，名利雙收。

麥人杰

壬寅年九月初十

編輯

特別邀請到業界兩大高手為本書評點奇招三十二式，高手過招果然不同凡響，第一位是從八大行業畢業的「袁非」（涼圓），出版過《手槍女王》一書，新書甫上市，即再版，可知大家對於性慾之渴求，她以自身擊發過一萬隻雞雞的經驗來評點這部《九真陰經》，觀點之歪，讓人莞爾，經營《袁非人生信念研究所》Podcast頻道。第二位高手是兩性知名部落客「亨利市長」，號稱人體觀察師，一張嘴就能從乳頭聊到龜頭，幽默詼諧，文筆令人讚嘆。有興趣者可以去《亨利乳頭市》瞧瞧。

奇書，一本正經地胡說八道的「幹畫王」（誇獎意味）明明畫得這麼唯美、衣飾考究，搭上解說卻只能狂笑不止，已經不覺得在看性技書，亦非特技或神技，而是科幻武俠鉅作。

雖然看整本書的過程只剩爆笑和瘋狂吐槽，但精緻的造型和人物嚴肅的表情，搭上介紹，別說，還真能覺出古人當年是如何抱劍魚水，在危機四伏、強敵環伺之時也要堅持及時行樂的灑脫；行樂之時卻也不忘小心戒備的謹慎，真奇俠也。

——**手槍女王袁非**（涼圓）

要我在台灣情色圖文界的頂峰掛個響亮的招牌，肯定是「麥人杰」三個字。他用畫筆實現春夢，用文筆實踐奇想，咀嚼他的奇作後，留在心底的爽就像褲襠裡的漬，擦掉前你會偷偷自豪，是怎麼讓它留下的。比起在女體內流下精華，他更善於給人心中留下心癢難耐的魔力。

圖是肉、文是骨，十八年前閱了《九真陰經》也練了陰莖，讓馬眼開了天眼，體悟到圖肉文骨交合後的神威。奉行此道多年，我逢人就說：亨利市長能在兩性領域裡自由走跳，起點就是個G點，是學長麥老大把我的慧根頂出來的。

如今沒那種命當小開用包換鮑，但所幸等到了《九真陰經》小開本換成了大開本。尺寸大就是有差，體驗過就回不去了，一同重新感受這本異色奇典，雲雨一番麥人杰的瘋骨。

——**亨利市長**（知名兩性寫手）

甲子行

乳真金經

大辣山房發行

七

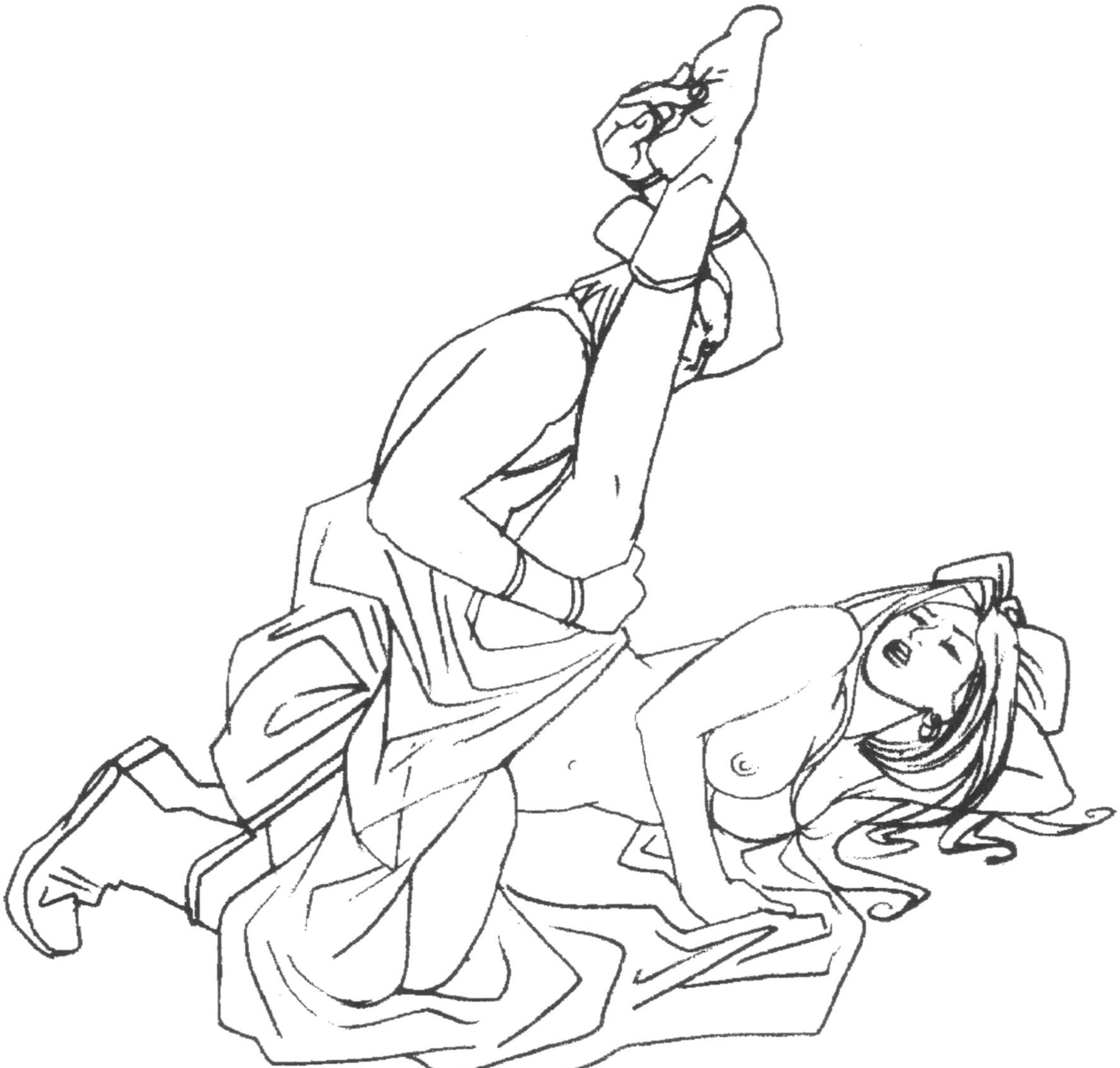

CONTENTS

PART 3　器械WEAPON MOVES

PART 4　神技MASTER MOVES

多姿

手是兩扇門，全憑腿打人，
彈腿四隻手，人怕鬼見愁，
拳打三分，腳踢七分。

第壹式

【金雞獨立】

JIN JI DÚ LÌ

麥叔：先找個練過芭蕾舞的女友，成功率較高。

大辣山房發行

【金雞獨立】

二人皆單足而立，男腿跨女身，成十字形，交合難度極高，腰腿之力及角度均異於常人，須藉身軀之擺動以維持平衡。二人手部動作若非練功之起手勢，則此招可能爲表演用之花套武藝爾。

手槍女王：這得找個多「雞歪」的男方才能有這麼刁鑽的插入角？

亨利市長：獨腳練肌、單屌強雞。難在進退，這個Beat得靠陽器自體伸縮，才能動滋洞濕動。

大辣山房發行

第貳式

【靈猴上樹】

LÍNG HÓU SHÀNG SHÙ

麥叔：男能抬腿至此高度後，先吊掛背包或礦泉水試之。

大辣山房發行

【靈猴上樹】

手槍女王：女方不能超過一五五公分、五十公斤，男方還得有超大的髖關節活動度。

亨利市長：先紮穩一柱定地金剛腿，再去煩惱如何夾著莖剛腿以令諸猴兒吧！

男一腿上踼卽定住不動，女抱掛其腿如猿猴般，並自行抽動。爲免女子久抱無力，男可適時扶其腰腿，間以指掌撫弄其乳，立地之足不可動，爲訓練腿力及定力之祕技。自來腿較手長，力亦更大，惟出腿踼人時，全身僅一腿支撐，所謂「起腿半邊空」，易於此時爲敵掃倒或抱腿摔，故須練至「五趾抓地，落地如樹生根」。敵擊之不動，方可出腿攻擊；女如猿猴般縱躍搖晃，男如大樹立地，巍巍不動，如此功成。

大辣山房發行

第參式

【上步獻寶】

SHÀNG BǓ SIÀN BǍO

麥叔：男方腸胃請先清乾淨，放屁就罷了，萬一……

大辣山房發行

【上步獻寶】

手槍女王：與女性友人實測少數可以做到的姿勢之一，話說要玩後庭就不要縮肛啦，女方很忙耶。

亨利市長：妳老說嘴痠，那我腿痠誰人知？膝頭丂ㄨㄟ妳個肩頭，方寸裡頭也請用心品我龜頭啊。

男抬腿跨足於女肩，此乃「上步獻寶」，女跪立含其陽，乃下句之「弄玉吹簫」。成語「乘龍快婿」所提之「蕭史乘龍，弄玉吹簫」中的「弄玉」乃一女子名，而此招之「弄玉」則爲撫弄男之陰囊。「吹簫」爲一般熟知之口交也，吹簫前必先「弄玉」，而後以另一手插入男子後庭抽送。男子單立一足，提臀縮肛，又遭前後三方夾攻，極爲不易。

大辣山房發行

第肆式

【玉帶圍腰】

YÙ DÀI WÉI YAO

麥叔：可報名民俗舞蹈班，由彩帶舞練起。

大辣山房發行

【玉帶圍腰】

手槍女王：別信眉批，看女方那個一字馬就知道要先練瑜伽，不然一定劈叉。

亨利市長：女人真麻煩，敞開了心結才開得了玉腿，為何我還得自找麻煩綁帶繩結？

男女皆單足站立，女腿架男肩，並後斜於男腿之上，男子不動，手持腰帶拉扯，鬆緊快慢，忽左忽右，女則因搖擺不定之姿而更增刺激及風韻。古人防身，由摺凳至腰帶，無物不可。腰帶可以柔克剛，以寡擊眾，如打濕可成布棍，變化無窮，威力超強。

大辣山房發行

第伍式

【丹鳳朝陽】

DAN FÒNG JHAO YÁNG

麥叔：先靠牆試練，抬腿還可勃起者，再試此招。

大辣山房發行

【丹鳳朝陽】

可爲「上步獻寶」之下一式，男單起一腳，朝天而立，女如向前仆跌時可以腳後跟勾肩搭回，腿技也。獨練時靠牆而立成一線，爲正高壓腿也，可增腿之力道與柔軟度。外擺裡合，正斜側踢、後撩腿，主以擺動之力打人，不同於彈腿之屈伸攻敵，力道強大，敵受創嚴重。和手部攻擊效果約爲七三之比，乃俗稱「手打三分，腿打七」是也。

手槍女王：不是，這到底怎麼擺動……把手拿出來用啦！

亨利市長：我姿勢跟肉棍塞好之後就可以在後面打電動了，請妳自動，自己動。

大辣山房發行

第陸式

【懷中抱月】

HUÁI JHŌNG BÀO YUÈ

麥叔：先從家中罰跪練起，由地板至算盤。

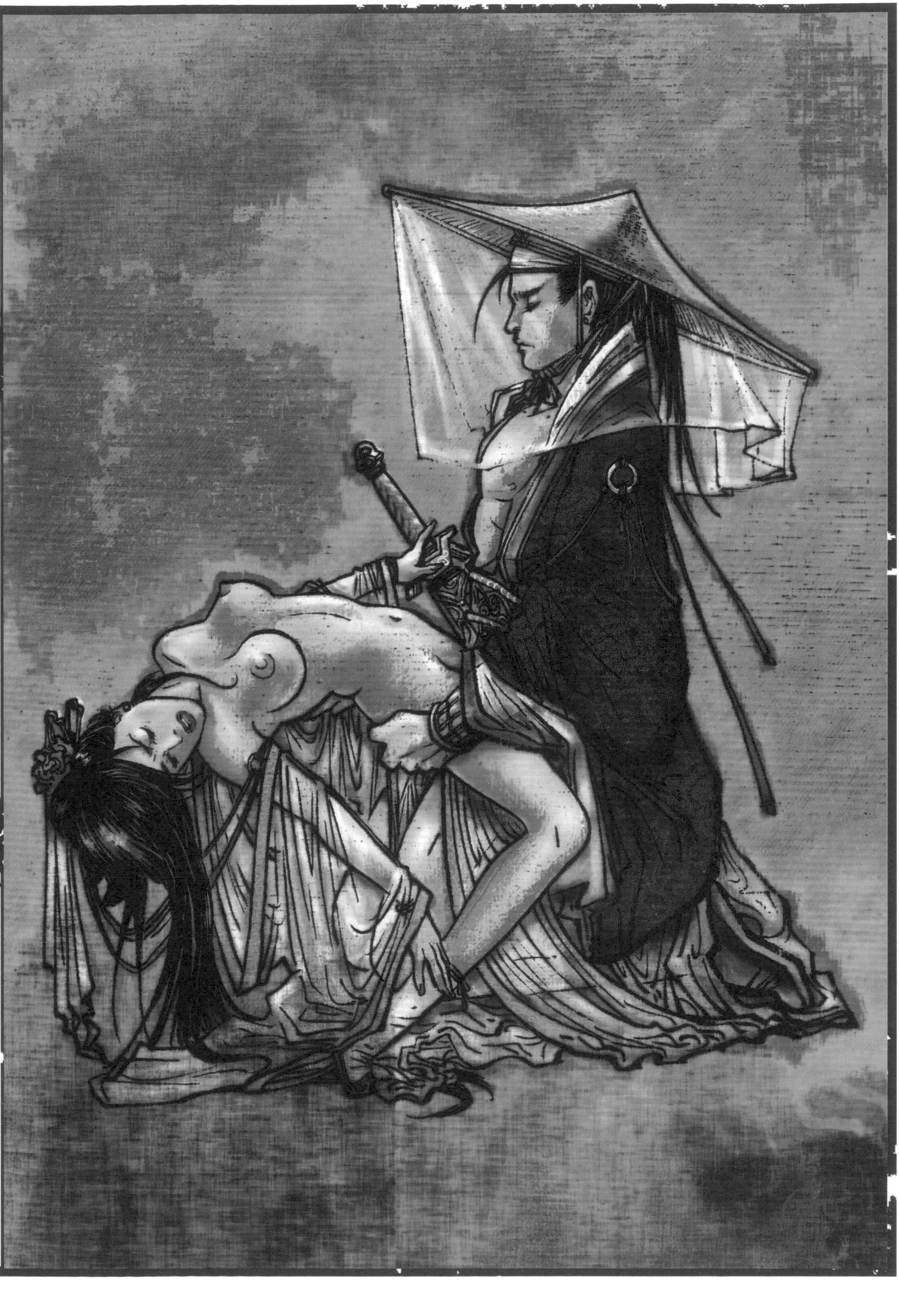

大辣山房發行

【懷中抱月】

跪姿提臀式也，男跪立抱持女臀向己抽送，女後仰如弦月狀，故名。此招練膝蓋，俗稱鐵膝功，須由獨練跪土地砂石，進而能抱持人或重物跪鐵砂玻璃尖石者，功成。膝蓋一頂，無堅不摧，相傳流至泰國，成泰拳之一招，惟泰人不知有此練法，威力有限爾。

手槍女王：非常考驗女方柔軟度和腰力之動作，看得我下背都疼了。

亨利市長：上翻乳、下覆臀，算是激烈款，疾速擦撞後落下的陰毛是我們的戰利品。

第柒式

【抱虎歸山】

BÀO HǓ GUEI SHAN

麥叔：此招對脊椎負擔極重，建議由火車站賣便當或球場賣飲料練起。

大辣山房發行

【抱虎歸山】

此招男女同練，女以重身法聚下墜之力，男則以弓步站立上迎，力道加倍。功力深者可抱持女由山腳走至山頂，不但負重登高，且須一面交合，乃心肺體力功能之極端考驗。居城市之武者可以樓梯上下代替，或弓步交互原地踏步練習，功成者心肺手腰腿皆強，「一舉」數得也。

手槍女王：又一個女生不能太大隻，男方不能太矮小的動作，先天限制甚大。

亨利市長：平生不玩火車便當，便稱雙修也枉然，對手從四十到八十公斤都扛過才是真男人。

大辣山房發行

臥姿

坐如鐘，立如松，
行如風，臥如弓，
緊了繃，慢了鬆，
不緊不慢才出功。

第捌式

【顛鸞倒鳳】

DIAN LUÁN DĂO FÒNG

麥叔：在野外用此招，女方可一面仰望夜空或藍天白雲，乃令人心胸開闊之勢，誠意推薦。

大辣山房發行

【顛鸞倒鳳】

手槍女王：此招適用於男方顏值不高但能力不錯之際……誰野合的時候想開闊心胸啦！

亨利市長：我苦命進攻玉洞、妳仰望藍天放空；我賣力高抬貴臀，妳坐享敦倫之樂。

二人皆採仰天後背式，女上男下，男抬臀上頂，並以雙手游移增其快感，爲一攻守兼備之誘敵體位。男子腕有鏢，腿有飛刀，待敵現身之際卽可出手還擊，而女子顯將淪爲盾牌而不自知，如此誘敵之技令人齒冷。如伴侶突在外求野合而採此體位，千萬注意，其心可誅也。

大辣山房發行

第玖式

【尋幽探祕】

SYÚN YOU TÀN MÌ

麥叔：如未練此功睪丸即在腹腔，隱睪症也，速就醫。

大辣山房發行

【尋幽探祕】

手槍女王：原來是金鐘罩最高境界，縮陽入腹。（對髮簪呵氣）

亨利市長：蕊前品香是我的溫柔，菊窗在前豈能浪費？督得好，一舉春叫；督不好，屎罪難逃。

男以掌抵女陰，以掌勁內力及指法震動其蕊，此爲「尋幽」；兼以陽物置其後庭抽送，此乃「探祕」，二式混合方成此招。圖中未見者爲男子一面所行之「吸陰功」，卽囊中睪丸縮入腹腔之法，將其最柔弱之處收入體內，則其餘部位皆可練鐵布衫一類之外功保護，外門硬功至此幾無敵也。

大辣山房發行

第拾式

【湧泉以報】

YǑNG CYUÁN YǏ BÀO

麥叔：仿此招者，搔癢即可，穴道切勿亂按。

甲子行

乱真会经

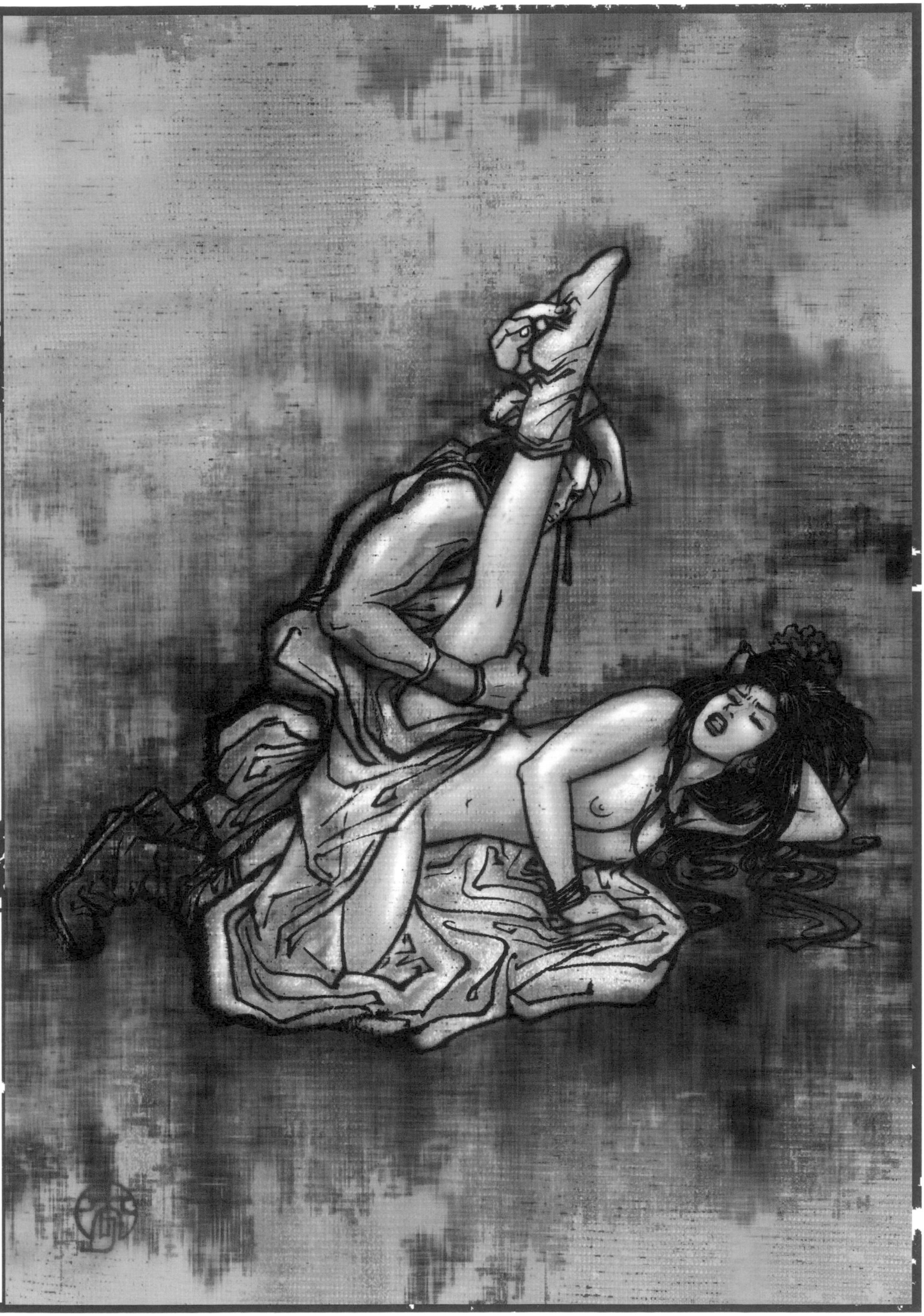

大辣山房發行

【湧泉以報】

湧泉者，湧泉穴是也，位於足底，乃人身致命三十六死穴之一。古云此穴遭點重傷之人十四月必死，惟急治無妨。此招爲古暗殺拳之一，皇室后妃爭寵，傳以懷此絕技之男寵取悅對手，成其入幕之賓後，行房之際出手點穴暗算，依其出力深淺，有卽亡與慢死者，爲一陰損之技，亦有嬪妃姬妾以此招暗算其主。招名之「報」，乃指報仇，非報恩也。此招入眞經後改爲搔腳底增其快感，進可攻，退可守也。

手槍女王：女方太怕癢的話恐會直踢面門，慎搔。

亨利市長：原來說的是補陽強腎的湧泉穴位，害我都進入報以老泉的射擊範圍了。

大辣山房發行

第拾壹式

【水乳交融】

SHUĚI RǓ JIAO RÓNG

麥叔：摺扇不宜冬天使用，易得傷風。

大辣山房發行

【水乳交融】

女平躺於地，男跨坐其胸，女以雙乳夾其陽搓揉撫弄，男亦可前後抽送，俗稱乳交也。「水乳交融、上令下從」，上位之男子可號令女子從其所求，女不得有議。相傳爲王孫公子間賭賽狎戲演變而來，其扇及寬袍大袖間，均藏狎戲之藥粉或器物，流入武林後則改爲暗器，摺扇亦演變爲短兵器之一，因其可添華麗瀟灑之文人氣，故予保留。

手槍女王：以乳交來說的確是比謎片的坐式來得容易實行，因為可以快速抽動。建議要多用一點潤滑。

亨利市長：我卑微的人生野望就是：遇到能將雞雞完全夾入奶裡妥善收納的全能高手。

第拾貳式

【觀音坐蓮】

GUAN YIN ZUÒ LIÁN

麥叔：招名有佛氣，於進行中默誦經文，可因心平氣和而較持久。

大辣山房發行

【觀音坐蓮】

亦稱「玉女挪蓮」，女跨坐於男身挪移抽送，男以雙手撐地，由此刁鑽角度盤足上頂，臀腿皆不觸地，同時吸舔女子雙乳，更須面不改色故作輕鬆狀，方爲功成。以掌撐地者練掌，亦可變化爲以拳撐地，練其拳及指節。

手槍女王：進行中誦佛小心女方真的送您上西天見佛祖，還是乖乖舔乳頭為好。

亨利市長：雙乳蒙蔽我的雙眼，只要能讓我退化到哺乳期，要我怎麼折哪樣彎都可以！

大辣山房發行

第拾參式
【移花接木】
YÍ HUA JIE MÙ

麥叔：古人行為，殊不可解，高潮後躍不知何故，今人不可食古不化，一味模仿，以免撞倒身後家具或折斷脊椎。

大辣山房發行

【移花接木】

手槍女王：太多儀式感了，不要往後躍的話不失不錯的一招，角度刁鑽。

亨利市長：後攻時順勢放入天堂路，巨陽撞壁時能接收到對手升天時的信號，我唱秋來你叫春。

男以蹲坐之姿由後進入，手抓女腰往己抽送，移其「花」接己之「木」，故稱「移花接木」，須具極強之臂力及腰力。男蹲坐如蛙，此即蛤蟆功，於高潮之際以雙掌擊女臀，同時如蛤蟆般抽身後躍，落地時亦蹲伏如蛤蟆，故名之。

大辣山房發行

第拾肆式

【首尾相連】

SHǑU WĚI SIANG LIÁN

麥叔：用六九式時切勿翻滾，滾跌之間，女方沒事，男子那話兒可能會被咬斷。

大辣山房發行

【首尾相連】

手槍女王：男女六九時切記注意清潔，下體與口腔皆是。

亨利市長：六九式的變化版嘛！吐納間全集中出呼吸、吸吮出波紋陰之疾走，四字訣：記得換氣。

二人之「首」皆與對方之「尾」相連，六九式也。男埋首於女雙股之間，鼻貼其臀，不得氣息，此乃龜息之技。須以腹呼吸，氣沉丹田，以舌運勁，震動其蕊，使登極樂。同時下身蓄勁，隨時準備以九翻十八跌之地躺拳禦敵，臥地絞剪，踢踹盤打，且口不離陰，頭臉不抬。

大辣山房發行

器械

槍扎一條線，棍打一大片，
鞭舞一堵牆，拳打一片星，
單刀看手，雙刀看走。

第拾伍式

【橫金架樑】

HÉN GJIN JIÀ LIÁNG

麥叔：可拿曬衣桿來架著試試。

大辣山房發行

【橫金架樑】

手槍女王：沒有曬衣杆也可以考慮躺著用此體位，收效甚好。

亨利市長：精華在能「隨時抽身走人」，既然男人靠小頭思考是事實，那讓我們瀟灑地拔屌無情可以嗎？

男挺矛提臂，女舉腿橫架其上，如遇敵襲，可以矛之前後端迎擊。男只須跨步後退，女即滑落地上，進步可攻，退步可守，相傳爲陣前守衛所創之技，於陣前交合，可隨時抽身走人，故亦稱「全身而退」或「急流勇退」，爲鎮守邊關之兵士所愛用。

大辣山房發行

第拾陸式

【如鯁在喉】

RÚ GĚNG ZÀI HÓU

麥叔：一面頂別人，一面頂自己，果真不易，惟當今之世此招恐無用武之地。

大辣山房發行

【如鯁在喉】

喉部乃人身最脆弱之致命部位，尤爲長兵器主攻之點，所謂「中平槍，槍中王，當中一點最難擋」。槍爲古代戰陣使用，威力強大，江湖中人多難招架。圖中男子以喉頭頂槍使其彎曲，同時與下方女子交合，須得內外家功夫均有相當火候才能練此招，練成周身幾無弱點。此奇招後世只得半套，多爲一人頂槍而未與女交合，蓋功力不深者無法心分二用，後世多見此技於街頭賣藝，不知其神妙至此。

手槍女王：現世使用此招莫約是貪圖保險金之時，慎入。

亨利市長：手邊唯一想到能用的是玩性愛自拍的伸縮自拍棒。長棒壓喉頭、肉棒入幽洞，好棒棒呀我。

大辣山房發行

第拾柒式

【浪子回頭】

LÀNG ZǏH HUÉI TÓU

麥叔：如今代步之拐恐難支撐二人之重，切勿輕試。

大辣山房發行

【浪子回頭】

手槍女王：男雙手撐地而走時女方豈不是臉面拖地……？

亨利市長：古代嫦娥奔月奔到一半墜機大概是被這招給半路攔截的吧。

男子手持雙拐，使動時繼續交合，同時不可讓女子由腿上滑落，功夫高者甚至可盤起雙腿掛人撐地而走。拐多爲木製，分長拐、短拐；長拐爲單，短拐則雙。圖中人使雙拐，但爲長拐，相傳爲古代一行動不便之高人所創，平時爲代步工具，實爲兵器，有欺敵護身之用。

第拾捌式

【大聖駕雲】

DÀ SHENG JIÀ YÚN

麥叔：男子請改吊掛於單槓，女於其下方試之，免傷及脊椎。

大辣山房發行

【大聖駕雲】

大聖，孫行者也，手持之「如意金箍棒」，以其能伸縮自如，可大可小，後世皆以此棒喻男之陽具，期能如此棒之「如意」。男搭額以足勾女，仿大聖駕筋斗雲之狀，不斷搖晃進出，眼觀四路，耳聽八方，隨時可出手擊打四方，所謂「槍扎一條線，棍打一大片」是也。

手槍女王：尋找單槓除了要找莫約一百三十到一百四十公分的，切記公園野合有可能會被警察帶走。

亨利市長：Cos孫悟空我沒意見，但對手得要認分一路向西升天取精。

大辣山房發行

第拾玖式

【翻雲覆雨】

FAN YÚN FÙ YǓ

麥叔：勿在有煙霧警報器之室內練習，以免消防隊趕來，難以解釋。

大辣山房發行

【翻雲覆雨】

男手持八尺大棍，背負一女，反手持棍於女雙腿之間；棍底有一爐，男子須反手快轉其棍，至爐中檀木起火燃燒，兼以轉棍之勁帶動氣流，使煙霧繚繞，且不可傷及女陰，乃巧勁中之巧勁也。

手槍女王：棍棒不碰到女方卻能出風撩撥女陰，角度奇特，果真常人難為也。

亨利市長：已知用火的黑歷史：原始哥磨的不是陽木，是陰戶。在家裡用拖把實現這路，家事、房事，事事如液。

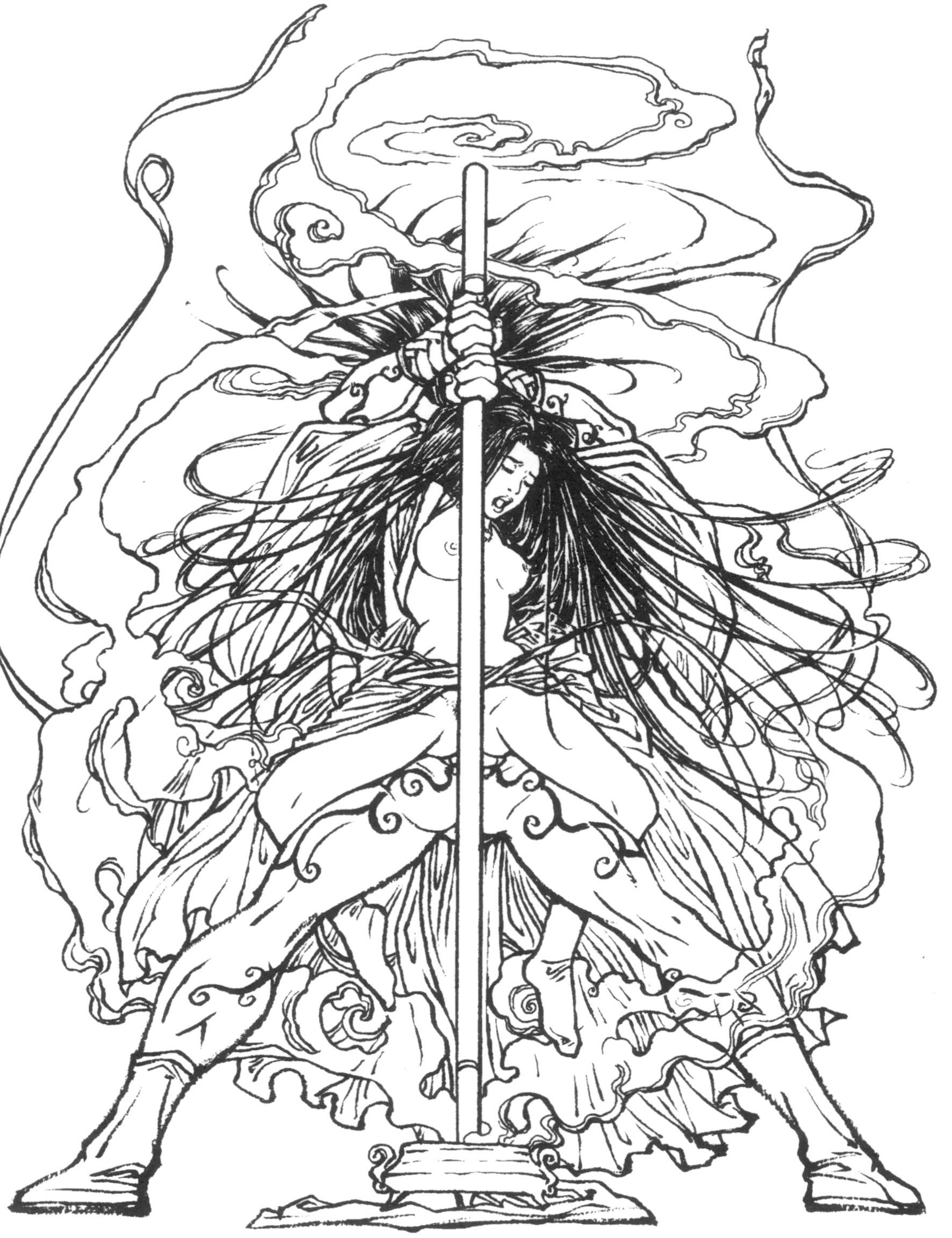

第貳拾式

【牽腸掛肚】

CIAN CHÁNG GUÀ DǓ

麥叔：畫中人裝束仿自關羽，未免觸怒伏魔大帝，行房萬勿作此打扮。

大辣山房發行

【牽腸掛肚】

男單手持大刀而立，以絲帶吊掛一女，臂力驚人。青龍偃月刀重九九八十一斤，加此女子總有上百斤，此單手吊人之功若可練成，兩手挺刀合劈之力將無人可擋。招名斯文，實爲形容此招練成之後，一劈之力，敵恐連人帶馬劈成四段，腸肚牽掛刀上也。

手槍女王：猛一看以為是「月下斬貂蟬」。

亨利市長：手舉千斤、屌掛千金，那哥的渾身熱血該往哪裡充？好為難啊！

大辣山房發行

第貳拾壹式

【授人以柄】

SHÒU RÉN YǏ BǏNG

麥叔：家中無九環大刀者，請改用搖鈴鼓試之。

大辣山房發行

【授人以柄】

語出《三國志》陳琳：「倒持干戈，授人以柄」，意指將自身權利或把柄交予他人，使其危害自己。男倒持九環刀，以刀柄向其女，惟刀柄末眞「授」人，乃置於女子雙腿間進出，化兵器爲性器爾。此招頗具新意，可攻守合一，敵一現身即拔刀相向，且進出之際九環啷啷作響，頗有助興及警告功用。

手槍女王：我是建議不要什麼都拿來磨蹭陰蒂啦！一定要的話請備好潤滑。

亨利市長：妹子眼觀進出鈴鐺巨棒的視野，終於能夠體會咱平時屌兒郎當的陽威。

大辣山房發行

第貳拾貳式

【夜叉探海】

YÈ CHA TÀN HǍI

麥叔：此雙股叉已無人使用，各地農家多用五股叉，萬萬不可拿來套用此招。

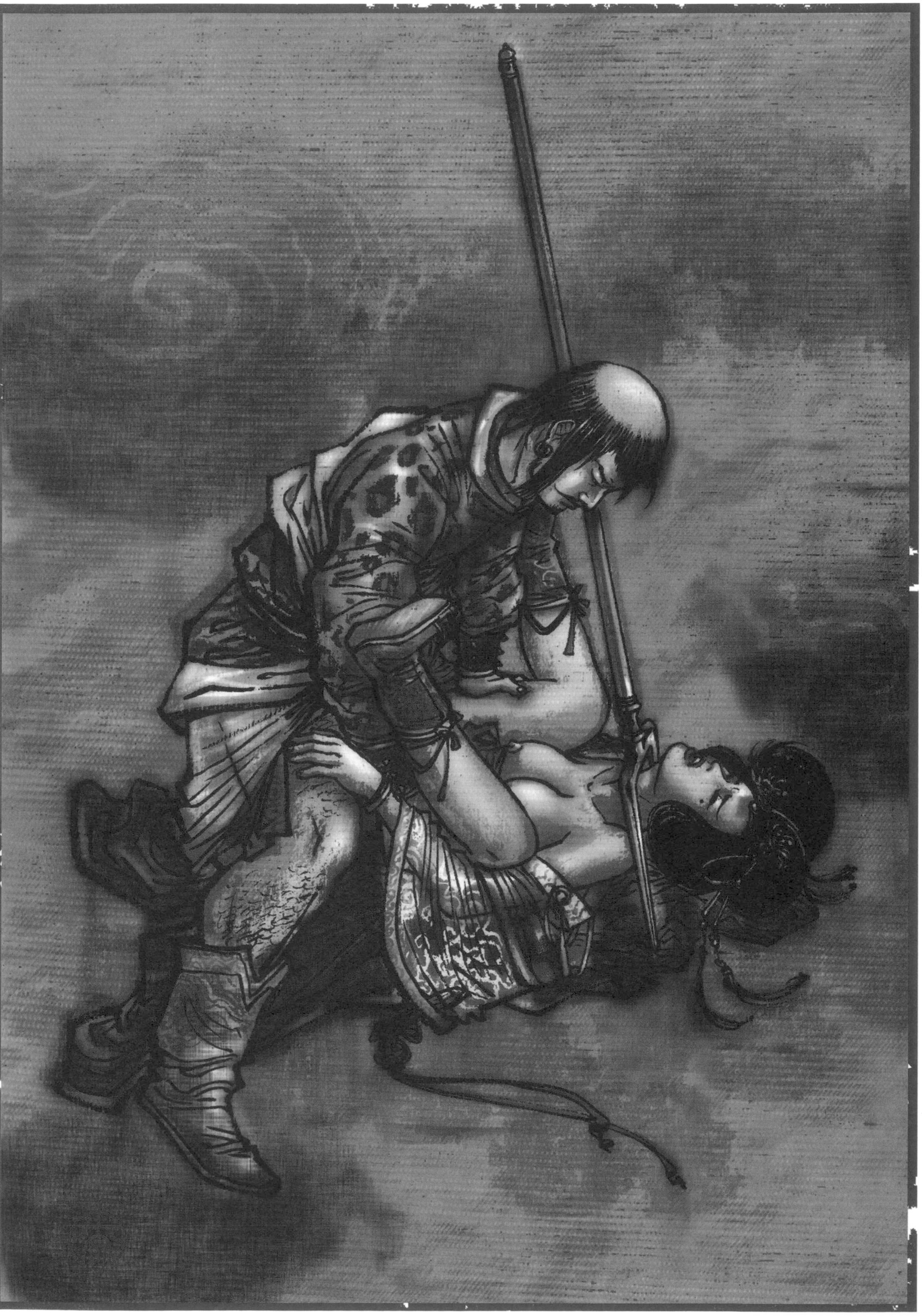

大辣山房發行

【夜叉探海】

手槍女王：現代可用項圈、鎖鏈取代之，請注意安全。

亨利市長：不識夜叉不要緊，吾乃巨肌老粗水行俠，要妳夾緊豈敢放鬆？

叉原爲打獵用工具，上山叉虎，下海叉魚，後演變爲兵器，戰陣上可叉人，下可叉馬，名列十八般兵器之中。夜叉，原稱惡鬼，如龍宮中之巡海夜叉，此處所謂夜叉，乃夜中使叉也，原爲獵戶於黑暗之森林或深海中，目不見物仍可聽音辨位，叉中獵物，但此不足爲奇，奇在可準確叉中其頸，使其無法行動且毫髮無傷，後爲契丹武者用以增其交合之刺激。

大辣山房發行

第貳拾參式

【無孔不入】

WÚ KǑNG BÙ RÙ

麥叔：欲一試者或可以此圖為本，開發新型性道具。

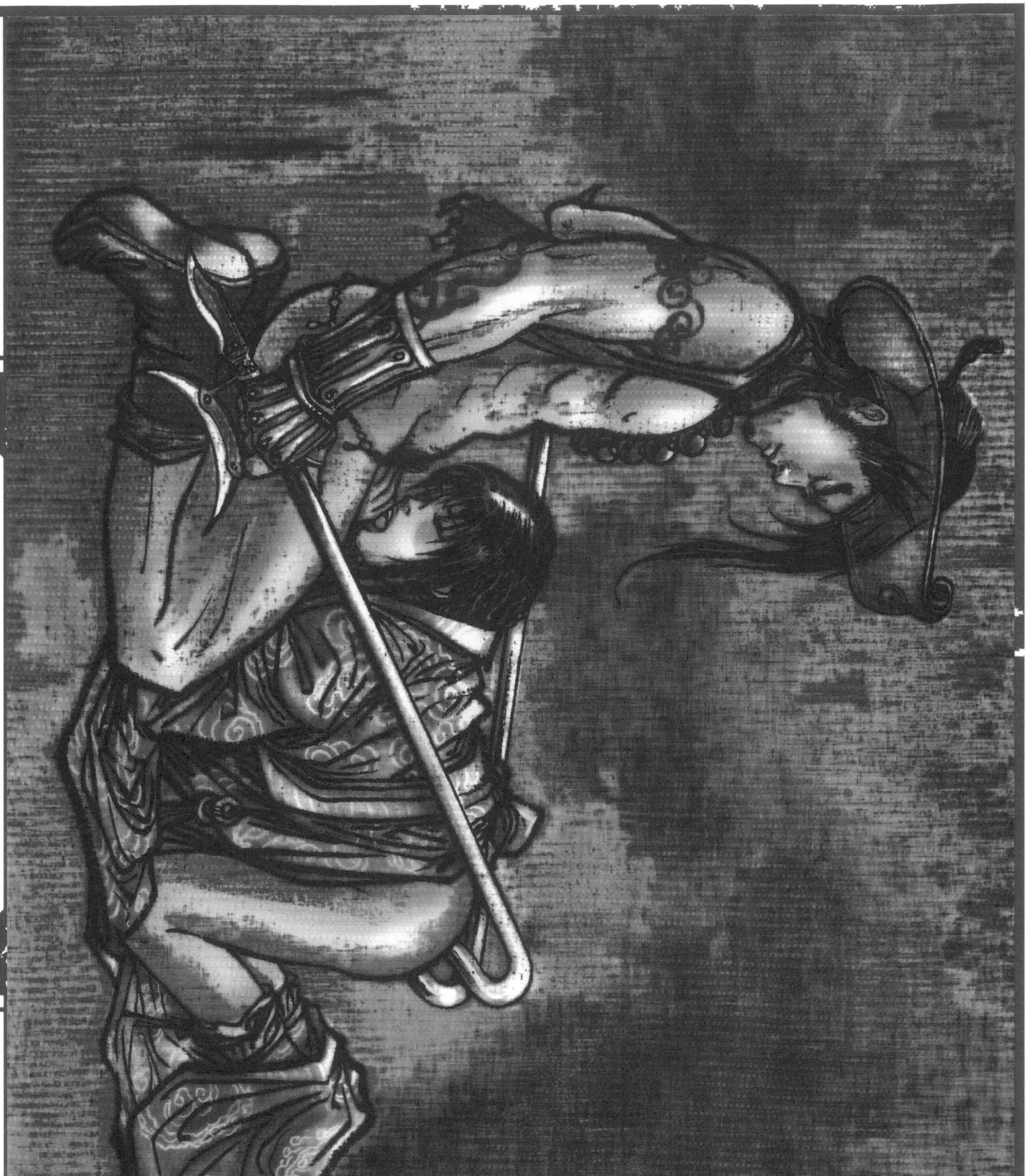

大辣山房發行

【無孔不入】

女子除了鼻孔、耳孔，身上其餘之孔均給「入」了，男以雙鉤入其前庭後竅，往己推拉，此招須以極小極速之抖動使女達高潮，且不可受傷，初練時宜用鈍頭。鉤者，古兵器也，乃由「戈」演變而來，使動須如波浪之勢，故有「鉤走浪勢」之說。此女在前後夾攻之下，將可體驗無上之快感也。

手槍女王：再次誠心建議練好金手指再使用道具……或直接上跳蛋，雙手持握遙控器。

亨利市長：性慾來得快又急，傘柄一進請張口接下我的及時雨。

大辣山房發行

麥叔：如不想揮劍自宮，請以鋼管代之。

第貳拾肆式

【玉女抽身】

YǓ NYǓ CHOU SHEN

【玉女抽身】

女反身跨騎男身，持劍於雙乳間，劍出鞘，男以雙足交疊夾住劍身，女則不斷欲抽身拔劍而起，男須以腳將劍拉回，往返間不可讓劍刃傷及雙方，劍亦不可被拔起。目不能視劍而下體感到劍之寒氣，其不安感將有助於對兵刃之感應，無論於黑暗或睡眠中皆可知兵刃之來路。而以足夾劍交合，亦有助於提升全身之力道及協調性。

手槍女王：這在古代是來暗殺男方的吧，不死也絕後，狠毒之招。

亨利市長：用桃木劍試玩可以，莫用真刀寶刀，畢竟手起屌落的危難感會害得我心臟漏拍。

大辣山房發行

第貳拾伍式

【懸樑錐股】

SYUÁN LIÁNG JHUEI GǓ

麥叔：顯然蘇秦出使六國還得「走後門」，靠的不只是嘴上功夫。

大辣山房發行

【懸樑錐股】

亦稱「蘇秦背劍」，誤也，實爲「鐧」非「劍」，其狀似劍，無刃，古稱「簡」，起源於先秦，至清代仍有使用。蓋因蘇秦出使六國，未免被視爲刺客及表誠意，故捨劍就鐧。此招女懸於男子下方，手挽背後之鐧代樑，男拿其雙乳，叉腿而立，懸空置女之後庭，此乃「錐股」之變化也，相傳蘇秦用此技博六國宮女歡心，方得情報，乃一影響歷史之奇技也。

手槍女王：還得挑一個奶子夠大的宮女。

亨利市長：「火車便當加菜版」。乳肉在前，奶頭在握，腿筷夾熱腸，精湯灌古道。

大辣山房發行

第貳拾陸式

【蠍子擺尾】

SIE ZIH BĂI WĔI

麥叔：先在家中央枕頭類軟綿之物試之。

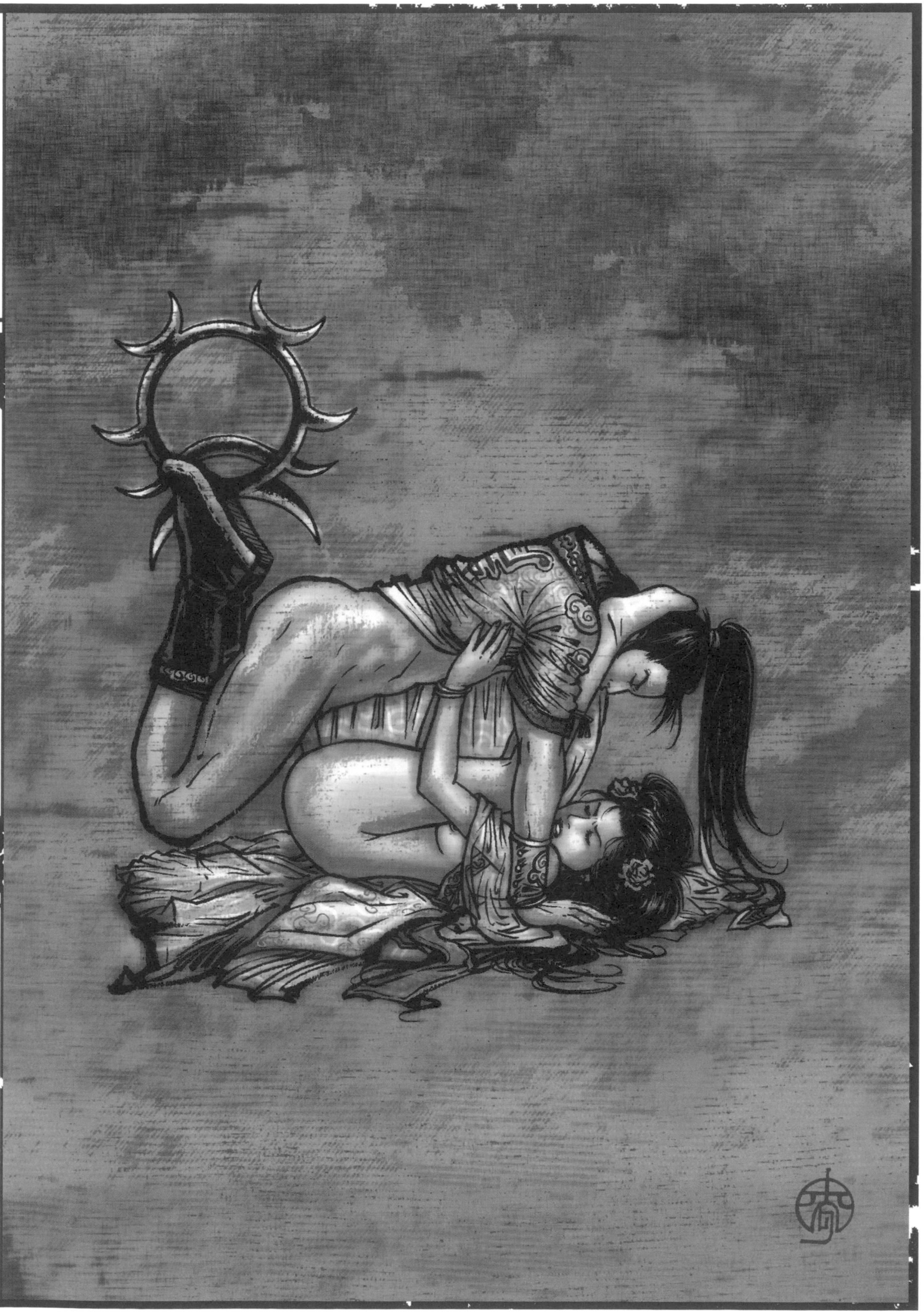

【蠍子擺尾】

女子躺臥，雙腿跨於男肩，男雙手撐地懸空，全身僅以陽具觸及女身，雙足後舉如蠍尾，並夾一奇形兵器，於二人高潮時以腿擲出。此物名乾坤圈，外環有刃及尖刺，用者持內環握把，或旋轉撥動內環攻敵。此招練及全身，手足腹臂之肌均強方可使之，功成者雙足將如手般可持擲任何器械攻敵，惟練時須注意，免圈落自傷。除此圖外未見有以足使此兵刃者，奇技也。

手槍女王：先不說男方的胸推要多強，我只求不要壓到女方的頭髮。

亨利市長：原來A片裡男優繳械前大喊「要丟了、要丟了！」是嚷著丟兵器啊！

大辣山房發行

神技

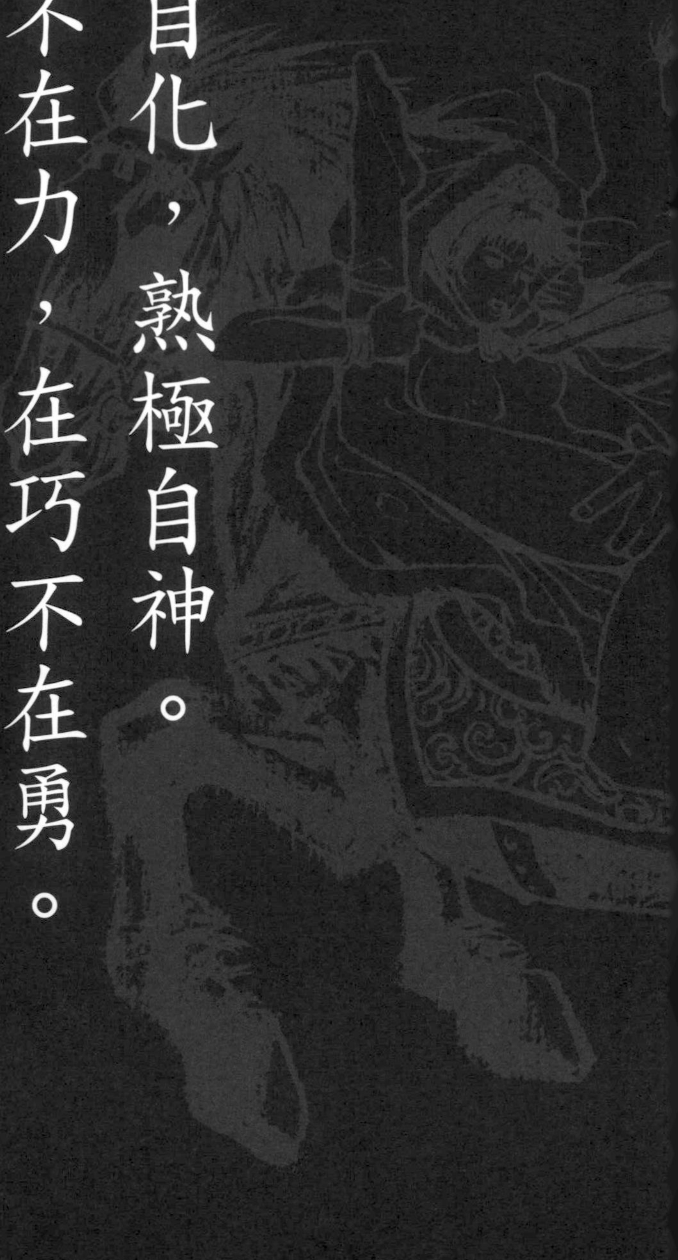

久練自化，熟極自神。
在勁不在力，在巧不在勇。
精要充沛，氣宜沉，力要順達，功宜純。
練其形必傳其神，傳其神必達其意，
達其意必先其心。

第貳拾柒式

【舉火燎天】

JYǓ HUǑ LIÁO TIAN

麥叔：若無法抬腿夾蠟燭，用屁股夾亦可收不同之效。

大辣山房發行

【舉火燎天】

手槍女王：我很好奇到底怎麼插進去的……

亨利市長：此招貴在倒行逆濕，翹舉的二郎得往下壓彎才能入洞，勃起變勃落，乃反骨之流也。

此招極似翻滾法之「撲虎」，顧名思義，乃如虎撲食之姿，爲攻防兼備之動作。男雙腳上舉，夾燭臺至蠟燭燃盡，女則以鐵板橋及鯉魚打挺之仰天動作相迎，乃練腰力及支撐力，若無高人指點，一般人切勿輕試。

大辣山房發行

第貳拾捌式

【走馬看花】

ZǑU MǍ KÀN HUA

麥叔：欲試此招，除騎術佳、「根基」厚，你得先有匹馬。

大辣山房發行

【走馬看花】

手槍女王：馬兒表示，你們在乎過我的感受嗎？

亨利市長：古有飆馬野男女玩命關頭揚名塞外，今有我小綿羊上玩命龜頭飆穿蘇花改！

男於奔馬之上與女交合，一面馳騁，一面欣賞女子面部表情及女陰之姿態，故名「看花」。此招相傳源起塞外牧民，非騎術極佳者恐折其陽物。爲何甘冒此險？有一說以爲，古時戰亂頻頻，軍士無暇返鄉傳宗接代，故於行軍途中與妻交合，以存後嗣，軍方亦不過問，惟此說過於荒唐，取信者少，一般咸認此乃塞外牧族誇耀其馬術所演變而來。

大辣山房發行

第貳拾玖式

【騰蛟起鳳】

TÉNG JIAO CǏ FÒNG

麥叔：推薦簡易版，亦不需蓄長辮，男僅需戴上領帶、項圈或狗鍊，趴著讓女方跨坐即可。

大辣山房發行

【騰蛟起鳳】

男子之姿乃「盤腿平衡」，練腿力及平衡之力，上段者可身負重物。圖中男子背負一女，女僅以手捉男之辮，辮過其胯下，以辮摩娑其陰而得快感也。女於其背抽動磨蹭，男須維持雙手撐天、單足而立之姿，如仆跌即告失敗。功力深者還可屈伸蹲站，搖頭晃腦扯動髮辮，增其快感。

手槍女王：多來幾組可以玩騎馬打仗群交趴，推薦給片商。

亨利市長：現代還在留辮子的天選之人才能玩這套，我說誰呢？啊不就麥人杰嘛！

大辣山房發行

第參拾式

【十八相送】

SHÍH BA SIANG SÒNG

麥叔：欲試此招請於雙腳下各置板凳一張，切勿自誤。

大辣山房發行

【十八相送】

手槍女王：建議先練好瑜伽的一字馬和金字塔式。

亨利市長：既然以「水上飄」稱之，九成九只能在水裡試了，要不然誰來推屁股啊？

女叉腿伏身，男於後以一字馬之姿交合，呈「十」與「八」之形，故得名。男須以此姿進出十八次方爲功成，有人乃謔稱此招爲「十八抽送」。交合時男僅以單掌撐女之背，使其不覺己之重，輕身功夫也，其力由其掌及雙足運勁抵銷，身法之輕盈幾達「水上飄」之境界，乃一神技也。

大辣山房發行

第參拾壹式

【鯉躍龍門】

LǏ YUÈ LÓNG MÉN

參叔：若真練成，請速與我們連絡，以昌大武學。

大辣山房發行

【鯉躍龍門】

神技中之神技，觀此圖幾無人信。男子四肢懸空，僅以一點支撐於女身抽送，四肢皆併，全身之力皆貫於陽物之中，故功成後其陽具亦成隨身之兵器，於裸身遇敵之際，暴起發難，頂敵之穴道，摧敵之首腦；敵於攻擊之際見你身無寸縷，乃無戒心，及至陽物攻來，刹時目瞪口呆，乃意料外之致命武器也，且敵敗後多身心受創，再起不能。交合之際如鯉魚躍淵，故名，亦稱「搖頭擺尾」。

手槍女王：名副其實之屌打……可是怎麼能無戒心，任何人看著裸男硬著衝過來都會膽寒吧！

亨利市長：對付這種反地心引力的招式只有一招，把這張圖倒過來，用洪荒之力挺起腰桿，不就成了！

大辣山房發行

第參拾貳式

【天外飛仙】

TIAN WÀI FEI SIAN

麥叔：就算不怕折斷陰莖，也不要在公園試練此招。

大辣山房發行

【天外飛仙】

女開腳坐鞦韆之上，飄飄若仙，盪向男子，男子運氣挺其勢迎擊，二人交接由九淺一深至九深一淺，功力不純、準頭不足者稍有不慎則莖斷玉折，非眞經功夫上段者不得爲之。鞦韆乃北方山戎之戲，春秋時代齊桓公伐山戎而傳入中原，後傳至江南，故此招可能源於河北一帶山戎族，乃外族之性技。唐太宗李世民所稱之「半仙之樂」恐是指此戲，非一般之盪鞦韆。

手槍女王：我就問這到底怎麼抓深淺？

亨利市長：警告！洞力加速度迎來龍骨會開花的！先將馬眼與心眼合一，掏出軟懶趴瞄幾次準心，練妥了再用硬底子撞！

大辣山房發行

《九真陰經》乃是武林中眾人夢寐以求的至寶，曾散佚下落不明，麥氏偶然拾得，重現圖文樣貌，經中所載皆是最精深最奧妙的神奇武功，如立姿、臥姿、器械、神技等無所不包，練成其一即可成為第一流高手。

有誠有心之士如有幸獲此拳譜，按圖索驥，期能在不斷嘗試中，復原古法，昌大武學，願得此經者，能大膽假設、小心求證，讓絕技祕術水落石出，造福人群，強身健體，普天同樂，延年益壽，功德無量。

麥人杰

Richard Metson

一九六四年生，射手座A型。

創作橫跨漫畫、動畫、電影、電玩、時尚各界。

其畫風多變，筆觸犀利，且能文能武，是台灣漫畫風格最多樣，創作形式最多元的漫畫家。

一九八四年以《天問》榮獲中國時報全國漫畫大擂台第一名後，開始展現其豐沛的創作能量：參與《歡樂漫畫半月刊》、《星期漫畫》、《PLAYBOY》雜誌連載，短篇漫畫如《劇場》、《吉娃娃》等；科幻類如《鳥人》、《零代傳說》；少年漫畫如《天才超人頑皮鬼》、《花木蘭》、《恐龍酷酷跳》、等；喜劇類如《腦筋急轉彎》、《酸甜苦辣留言版》；黑色恐怖如《黑色人書》；圖像小說如《麥先生的麻煩》、《期限》；又或是台灣第一部情色漫畫作品《狎客行》、《九真陰經》、《現代狎客行》；參與羅浮宮漫畫計畫，創作合輯《羅浮7夢：台灣漫畫家的奇幻之旅》。最新創作漫畫《鐵男孩1-2》。

同時，亦是台灣漫畫界少數跨界動畫的創作者，動畫工作經驗豐富，曾為美國、日本、德國、法國、西班牙等國製作電視影集。一九九一年開始創作動畫短片，並於一九九八年參與製作台灣本土動畫長片《魔法阿媽》，擔任動畫導演一職，此片分別在加拿大溫哥華、美國舊金山、紐約、西雅圖、費城等國際影展深獲好評，將台灣本土自製動畫帶入另一個里程碑。二〇〇五年開始企劃製作三維電視動畫影集《快樂星貓》，每集二十二分鐘，共完成一〇四集。

二〇一四年開始創作動畫長片《鐵男孩》。

目前進行中的有《鐵男孩》動畫影集的前期企劃。

黑色大書
THE BLACK BOOK
RICHARD METSON
麥人杰
2006年典藏復刻版
十年前的黑色戰慄，十年後驚悚再現
限

押客行
九真陰經

押客行

天才超人
頑皮鬼
WIZARD AND BRAT
3
麥人杰

天才超人
頑皮鬼
WIZARD AND BRAT
2
麥人杰

天才超人
頑皮鬼
WIZARD AND BRAT
1
麥人杰

鐵男孩
IRON BOY: PIRATE TOWN
山寨之城
2
麥人杰
RICHARD METSON

鐵男孩
IRON BOY: PIRATE TOWN
山寨之城
1
麥人杰
RICHARD METSON

麥人杰 Richard Metson
現代押客行
Modern Sex-files

大辣山房發行

相關作品

一九八四年發表《天問》，榮獲《中國時報》全國漫畫大擂台第一名

一九八五年發表〈劇場〉、〈鳥人〉彩色短篇刊登於《歡樂漫畫半月刊》

一九九一年出版《酸年苦辣留言版1-2》單幅漫畫作品集

一九九三年出版《腦筋急轉彎》單幅漫畫集（8、11、13、21）、《天才超人頑皮鬼1-3》長篇漫畫

一九九五年出版《漫畫一族》（Comic Man）短篇作品筆記書、《零代傳說》長篇漫畫完整版

一九九六年發表《狎客行》情色漫畫於《PLAYBOY》雜誌連載

一九九七年出版《黑色大書》異色短篇集、《麥先生的麻煩》生活短篇故事集、長篇漫畫《橫霸天下》、《笨漢娶公主》、《美女與野獸》、《麥基恐怖秀》等

一九九八年出版《恐龍酷酷跳1-2》四格漫畫、發表《花木蘭》長篇於《動感》雜誌連載連載至一九九九年十一月

一九九九年出版《花木蘭1-4》長篇漫畫

二〇〇〇年發表《吉娃娃》短篇漫畫於《中國時報》趣味休閒版連載

二〇〇二年出版《期限》第一本圖文書

二〇〇三年集結出版《狎客行》華文世界第一本性喜劇漫畫，已授權發行法文

版、英文版

二〇〇四年出版《狎客行之九真陰經》拳譜、卡片書

二〇一五年出版《羅浮7夢》創作合輯

二〇一七年出版《現代狎客行》性喜劇漫畫

二〇一八年出版《天才超人頑皮鬼1-3》新版

二〇二〇年出版最新創作《鐵男孩1山寨之城》由動畫概念改編

二〇二一年出版《鐵男孩2山寨之城》

二〇二三年出版《狎客行之九真陰經》典藏精裝新版

麥人杰（麥叔叔）Facebook粉絲專頁：www.facebook.com/MaisusuArtist/

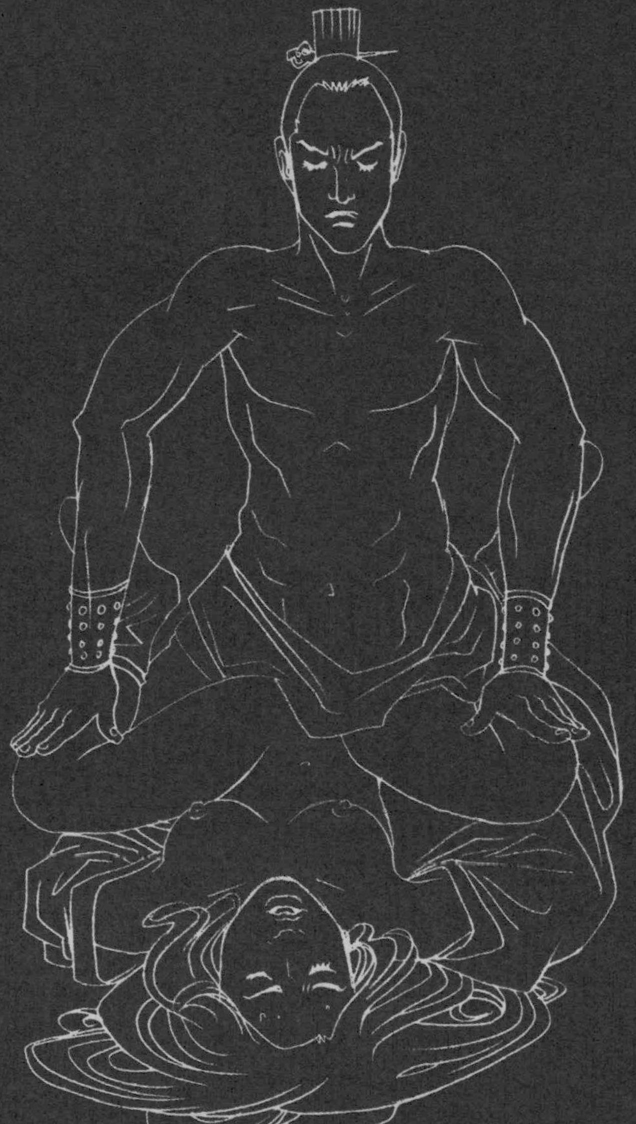

九真陰經